JN439721

그러나 너무 늦지 않게

박윤근 시집

시인동네 시인선 185

박윤근 시집

그러나 너무 늦지 않게

시인동네

시인의 말

나의 이번 첫 시집에 '달빛'과 장미향에 길든 '장미',
두 어벤져스가 등장한다.

달빛 족속은 그 달빛이 아직도 고랑을 번져가며 짙어갈 것이고
장미의 족속들도 1킬로그램의 오일을 얻기 위해
숲과 거리를 헤매고 있을 것이다.

한번 장미향에 길든 이는
이미 장미의 족속,

나는 이들 두 부족과 함께
끊임없이 나의 세계를 확장해 나갈 것이다.

우리는 모두 넝쿨처럼 번진
꽃의 무리를 보고야 말았다.

2022년 10월
박윤근

차례

제2부

제3부

제4부

제1부

달빛 고삐

빈집 토방,
늙은 개의 흐린 눈빛이 버려진
양은 속 비린내에 섞여 떠 있다
파리 떼 날리는
저 그릇이 무슨
천국의 문턱이라도 되는지
떠나지 못하고 주위를 맴돌고 있다

후드득 비 내리자
어느 목줄에 감겨왔는지
그 속 달빛을 빛나게 핥고 있다

시조새

책을 읽다가
문장 하나를 발견했다
사막 한가운데 볼록한 낙타 등처럼 묻혀 있다
허기를 막 채우고 왔는지
포만 가득한 미동이 꼬리 끝까지 물려 있다
손이 자주 닿아 무뎌진 책갈피 끝은
새들이 이동하던 통로,
먹이를 찾아 떠난 짐승들의 야성의 냄새가 아직 짙다
날개와 뼈대가 접혀 매몰된 대목의
암각을 해독하는 시간이 길어지고 있다
쥐라기 지각변동에 모두 매몰돼 버렸다는 중략 구에서도
뒷발 화살 모양의 활자는
여전히 앞 문장의 목덜미를 겨누고 있다
밑줄 친 글 속 수런거림에
검은 발자국들이 콩알처럼 흩어지며
행갈이를 이어간다

하늘에서 서 날개늘 겹치지 않는 것은

먼저 날아간 새들의 근황을 풀어 읽는 까닭이다
새벽녘까지 까맣게 긋고 날아간 새들의 항적들이
차곡차곡 쌓여 별책 새 목차로 추가된다

얇던 책장이 차츰 두꺼운 밀림지대가 된다

아쿠아맨

한쪽 팔이 짧은 사내 혼자서
물장구를 치고 있다

헤엄치는 모습이 삐걱대는 마루다
저 남자,
생선 토막처럼 잘린 팔 하나로
물살을 가르며 무슨 길을 내고 싶은 것일까?
보내고 싶은 것일까?

하지만 나는 째깍거리는 수면 위 시간에 익숙한 사람,
저 팔 안에 갇힌 적막한 시간을 읽을 줄 모른다

물속에 태엽 감은 로봇처럼
한 획 한 획 무얼 타전하는지
힘겹게 이어지는 사내의 발끝 피돌기를 따라
물방울이 화르르 풀려간다

불규칙한 동작이 반복되며 몸에 가속도가 붙는다

이읏고 뽀얀 포말들이 말굽처럼 사내를 따른다
물의 신 포세이돈처럼, 나사못처럼
떨어져 나간 호흡이 적막했던 사내의 시간 속으로 끌고 간다
그 모습을 지켜보던 나는
그가 보낸 까마득한 수신지가 나였던 것처럼
눈이 잠시 깜박였다

한 무리의 어족들이 떠난 수면의 파문이 가라앉자
옷을 추슬러 입고 수영장을 벗어나는 사내가 짚고 가는 바닥이
맹 획을 얻은 듯 다시 삐걱거린다

물살을 가르던 뭉툭하던 팔 하나가
제법 날카로워져 있다

허방

허방도 길을 낸다
붓은 의도의 수액을 적셔 날을 세운 것이어서
필치가 완성될 때쯤
갈라진 갈기마다 탄탄한 뼈마디를 드러낸다
화폭의 내압에 따라 중심을 향해 가는
푸른 지느러미들이 보인다
허방이 제 세계를 확장하는 기법이다

허공에 몸을 던져본 이는 안다
의도는 생각에서 가지를 치기도 하지만
내상을 입기도 한다
의도가 과장을 부른 붓끝
여백의 모퉁이를 돌더니 저 뚝 아래를 걷고 있다
화사하게 획을 친 가지에 집착이 옹이처럼 번져 있다
길을 잘못 든 이
스스로 붓을 꺾는 것도 그 이유다

허방은 제 몸 위에 모든 발자국을 허용하는 것 같지만

파지처럼 몸을 던진 이에게만
길 하나 내어준다

허방 속에 꽃이 피고 진다

도마

문 닫은 횟집 앞 도마가 누워 있다
분주하던 칼 소리 비운 자리
햇빛이 빈 허기를 채우고 있다

도마를 도마이게 하는 것은
아직 비린내 가시지 않은 폐항구뿐,
푸른 서슬을 온몸으로 받아냈을 도마를
사람들은 봉분의 정적이 모이는 피의 제단이라고,
잠시 칼을 접은 검객의 칼집이라고 부를지도 모른다
날을 삼킨 저 내공이면
떠도는 풍문쯤은 일순 가라앉힐 만한데
검을 내려놓은 장수처럼
햇빛 속 묵언수행 중이다

왜 지난 시간은 모두
서로 사선으로 얽히고 잇닿은 상처를 지니게 되는지
가만히 도마의 빈자리 들여다본다

후드득 빗방울이 몰려들기 시작하자
물속 검에 푸른 날이 선다
바닥을 부유하던 햇살들,
어느 검객이 내친 필살의 초식에
순간 눈 베이며 파닥인다
피비린내가 항구를 지나 먼바다까지 닿는다
비로소 어둑해진 해안선을 따라
누 떼처럼 둑을 빠져나가는 근육질의 사내들이 보였다

장마가 시작됐는지 도마 속 무늬,
파도 너울처럼 선명하다

새 발의 문장

온돌방에 자던 얼굴에 붉은 새 발 문양이 찍혔다
인간의 육신이 수면에 들 때는
시위를 놓친 과녁과도 같아서
활을 떠난 새는 화족(火鏃)처럼 달아
내 몸속 저편을 향했을 것이다
새벽녘 발톱이 공기를 가르며 착지하던 순간은
죽비를 내리치는 라마의 습성을 닮았었다
습성은 언제나 불완전한 것이어서
내 몸에 떠나보내야 할 것을 정확히 구분해냈다
파문이 오래도록 출렁였다
새는 맹독을 입에 문 듯 초연히 한 문장만을 안고
만 리 이녁을 날아왔을 것이다
세상에 대한 나의 신열은 그다지 미덥지 않았으므로
이 문장을 수신할 이는 나였음이 확실하다
필지(筆紙)에 촘촘히 적어 정성을 다한 발자국엔
온기 한 점만이 아니다
화인(火印) 찍힌 정신이 말갛다

텃밭

회양목 불빛이 수런하다 어둠이 짙은 붉은 텃밭의 갈피를 열면 나무들 항해 준비가 한창이다 씨방 겹겹 수백 킬로미터를 떠다니며 하늘 밝힐 유황 채우는 일도 분주하지만 잎사귀에 항해 지도를 그리는 작업도 게으르지 않다 준비를 마친 씨앗은 뭇별이 되어 하늘을 떠돈다 떠돌다 빗줄기에 고랑 근심이 깊어질 때쯤 지상에 꽃비로 내린다 냇가를 뿌옇게 장식하는 수상꽃 차례가 되거나 새가 되어 노인의 일가를 이룬다 별이 지상에 떨어져 꽃이 되는 씨앗의 다른 종족인 셈이다 꽃들이 침묵에 든다 오랜 우주의 서책을 쓰려는지 텃밭에 기억의 조각을 맞추는 중이다 톡 쏘는 늦마늘과 수줍음 많은 감지꽃엔 자줏빛을 더해줬다 늦게 도착한 별 무리는 잡초가 우거진 어두운 대목에 끼워 넣었다 여백을 칠하다 잠든 저 별들이 깨어나면 항해 동안 유리창 안에서 종알거리던 소리로 들썩일 것이다 텃밭은 다시 별빛 농장이 된다

학교 앞 반백의 노인이 온종일 햇살을 끌어안고 달고나 별을 찍어내고 있다

삐비꽃

산기슭 중턱에 활자들이 뭉텅 빠져 있다
기우는 오후 두 시의 각도에서 지워졌다
식물도감 빨간 볼펜으로 밑줄 친 그 속이다
손톱 밑으로 공복이 하얗게 말려들던 손,
보이지 않는다
직선으로 줄기를 뻗는 습성의 어느 풀은
종내 책등을 넘어 백태처럼 사라졌다
마음의 돌확에 여운이 길지 않았다

구멍에 빠진 저 풀
속지를 넘겨줄 때는 결이 민감해져
오래 변색되지 않는다

하지만 손이 멀어져 상처 난 마음
자간을 지나는 좀벌레에게는
치명적인 먹잇감이었다

뻥 뚫린 주변에 자라던 개정향 풀도

끝내 문장들을 잡아주지 못한 손끝이 파랗다

책갈피 사이로 무거운 생각
뼈로 압화되어간다

향기 없는 꽃이 무슨 죄가 되었는지
입술의 빛깔 지우며 다른 식물의 일가가 된다
결의를 해지한 풀들
어둔 구멍에 웃자란다

오랜 도감의 서열이 바뀌고 있다

달빛 감는 고양이

늦은 밤, 고양이 한 마리
빗물 속 달빛을 핥고 있네
저 몸짓은 둥근 털실을 잃어버린 고양이가
아침을 부르는 의식,
한때 따뜻한 저 실을 따라
크리스마스트리 반짝이는 불빛과 웃음이 감기는 사이
꾸벅 졸며 길을 잃은 고양이,
거리에 나오자 굴릴 것이 많아졌네

이제는 둥근 자동차 불빛에 뛰어들거나
달빛을 감으며
북~ 찢긴 비릿한 밤의 다른 표정을 감아올리지

한 올 한 올 감아올린 실타래 안으로
어둠에 몰린 사람들의 몸짓
팽팽히 당겨 올 때면
달빛 속 검게 번식한 고양이족을 볼 수 있네

그것은 백묘(白猫)가 흑묘(黑猫)로 가는 양식
달의 정수리까지 그믐달처럼 검게 변해 가는,

세상의 모든 저녁과 식탁의 둥근 틈 사이는
모두 비릿한 생선 냄새를 가지고 있어
길을 잃은 한 무리 고양이들
또 달빛에 뛰어드네

저 먼 달 속으로 순한 눈빛들
하나둘씩 가로등처럼 켜져 가네

스텝

오늘 당신의 발끝이 발랄하다
점핑하는 스텝에 잠들었던 선율이 깨어난다

발끝에서 당신의 표정이 달라지는 건
밤새 안녕한 당신의 얼굴이 물속 잽싼 가마우지 주둥이처럼
맨발 안으로 오버랩 되기 때문

그 표정은 마치 촘촘히 가죽을 잇댄 북소리처럼 둥글고 깊다

그렇다면 발은
바닥이 지닌 표정의 먼 근원일 수도 있겠다
뒷골목 먼 소실점도 점점이 그려내는

얼굴의 표정이 발끝에 오래 닿아 있는 것을 본 적이 있다

한때 멈춘 걸음의 정적 속에서
집을 잃은 발끝이 자꾸만 뒤돌아보며 옛집을 읽는 심정을

본 적 있다

조금은 늦은, 그러나 너무 늦지 않게

단단히 묶었던 신발 끈을 푼 맨발의 표정이
발끝을 깨문 듯 온몸으로 펴져 나가는 때가 있다

각

종이는 모두 둥근 각의 성채를 입고 있다
날카롭지만
달콤한 수액을 가진 파인애플처럼,

가령, 책상 위 저 종이를
가로와 세로 반 대각선으로 수만 번 곱접으면
붉게 물든 저녁노을이나 물방울을 볼 수 있다
동화를 들려주는 별들과
풀잎 끝 풍경을 모을 수도, 지을 수도 있다

하지만 접는 이의 의도에 따라
달리 접히거나 생략되는 순간
멍든 사과처럼 흠집이 생기거나 구겨진 채 버려진다

어둠 속, 긴 포물선을 그리며
지구를 스쳐 지나는 저 유성도
실은 우주의 뭇별들과 각을 이루기 위해
지상 끝 저 모서리로 내리는 것이다

저녁별이 가득 앉은 과수원,
또 펀펀하게 무슨 축제가 열리고 있는지
입 안 가득 침이 고인다
문장의 한쪽 각이 또 불안하다

막 계곡 틈 사이로
사과 한 알 떨어지는 참이다

쇄빙선

병실 한구석, 쇄빙선 한 척 길게 정박해 있다
커튼에 가려져
물 한 방울 빠져나가지 못하는
담수호 창문 위로 어족이 넘나든다
검게 번진 버짐은 결빙을 예감하지 못한 이들이
몸속 긴 해안을 걸어온 흔적,
빙벽을 헤치고 오는 동안
얼음처럼 굳었던 손마디가 풀리는지
오늘은 오줌주머니가 일찍 부풀어 출어가 빨라졌다
탈수된 몸은 이제 닻을 내린 듯
낱낱의 어종을 기억할 만큼 촘촘하지 않다
경색된 후륜의 기억 사이로
물오른 잡어 떼 한 무리가 끼었다
저인망 그물에도 닿지 않는 저 항적을
분리해내는 작업은 힘든 일
욕망의 장식을 버리면 이제 편해질 것 같다는 생각,
링거를 타고 내려온다
신발의 뒤축처럼 닳은 흉추의 통증이 풀리자

선단에 몸을 가누던 눈빛, 천장에 떠 있다
기울었던 몸의 균형이 병실 안으로 출렁인다
늘 모났지만 안으로 둥글던 사내의 속내가
오랜만에 따뜻해진다
또 몸으로 바다가 오는지 먼 곳 발끝부터 저리다

안녕, 피시맨

이 도심 주위로는 굵직한 어군이 형성돼 있다
수심의 저점을 읽은 누리꾼
작은 고기, 민감한 입질도 놓치지 않는다
파도의 중간쯤에 구겨 앉은 저 남자 주위로
빠른 어족의 등락이 물결친다
마우스에 푸른 등을 켠 채
해수면 안팎을 오가며 포인트를 찾지만
몇 시간째 미끼만 갈아 끼우고 있다
밀물과 함께 고기 떼가 몰려든 객장은
상한가를 치고 빠져나갔지만
선주의 눈처럼 촘촘한 객장의 전광판에는 잡히지 않는다
불안해지는 일기예보 속
장세의 흐름이 하락 쪽으로 기울자
저울 위 생선처럼 저 남자,
비릿한 땀 냄새를 풍기며 기우뚱거린다
팽팽했던 낚싯줄이 수면 아래로 풀려간다
증시 막장, 깜박이던 전광판 불빛도 꺼지자
어둠이 남자의 의자에 해초처럼 감긴다

저 깊은 바닷속으로 끌려가고 있다
오랜 시간 아가리를 벌리고 있던 통발 하나
펄떡이는 고기 한 마리 입에 문다
이곳에서는 철 지난 바다의 풍경을 묻지 않듯
도시에서 떨어져 나간 버그*처럼
사라진 남자의 행방에 대해 아무도 묻지 않는다

---

*시스템 오동작의 원인이 되는 프로그램의 잘못.

귀제비 집

가난한 집사람들이 귀제비의 오랜 노래를 부르네 빨강 노랑 가난한 동네에 사는 사람들은 가난하여서 가난한 물을 끌어 나눠 쓰며 살았네 어느 날 가난한 바람과 가난한 햇볕이 드는 가난한 집 가난한 창으로 귀제비 한 마리 날아들었네 가난한 초롱이는 가난한 사람들의 집이 되었네 가난한 집 아이들은 가난한 골목에서 가난한 얼굴들과 마주치며 가난한 연애를 하며 귀제비의 노래를 따라 불렀네 가난한 사람들은 가난한 창을 쓰고 가난한 물을 쓰며 노래를 불렀지만 가난한 집 창은 좁고 가난한 창에는 옹알이처럼 더듬거리는 가난한 입들이 많아졌네 귀제비가 떠나자 새를 보낸 가난한 사람들의 슬픔은 짧고 가난한 아이들의 자장가는 새의 푸른 등처럼 길었네 아직도 갈색 깃 귀제비는 가난한 사람들의 노래를 듣고 있네 가난한 집 사람들과 가난한 골목에서

제2부

사진

우물 속을 들여다보고 있는 한 여자를 바라보고 있네

얼굴은 우물 속 무언가를 들여다보며
일어날 기미를 보이지 않네

앞산은 잘려 있고 눈발도 끊겨 있네
쌓인 눈 속에 찍힌 발자국이 우물까지 닿아 있네

그녀의 발사국이 없었다면
나는 영원히 그녀 곁을 지나지 않았을 거네

나는 한 여자의 얼굴을 우물 속에서 바라보고 있네
우리는 기억의 샘에서 만나고 있네

85호 크레인 나무*

꽃도 다급해지면 줄기 안으로 숨을 트는 걸까
낡은 신발과 가방 가죽을 잇댄
크레인 나무 먼발치로
작업장의 용접 불꽃이 마른침을 삼키고 있다

두려움은 가지를 오를 때마다 계단을 만든다
나무 안에 숨은 뒤로부터
수직의 한 문장만 읽는 줄기 안에서는
버려야 할 것이 많아졌다

마당 한 가운데 빨랫줄에 걸린 아이의 웃음이
꽃이 되는 일이 아니고
쌀을 끓여내는 시간과
집 안 마른 먼지를 쓸어내야 하는 시간은 같은 거라고
바람에 화장을 지운 채 추락한 꽃잎들이
한 움큼씩 아침 달력 안에 떨어져 있다

309일,

아직 꽃잎에 마르지 않은 공포가 빼곡히 기록되어 있다

---

*한진중공업 노동자 김진숙 씨가 고공농성을 벌인 타워크레인.

시간과 둥근 모자

어머니, 왜 오늘은 햇빛이 안 드는 거죠? 저 마르지 않은 빨래에서 이제 묵은 냄새가 나요

글쎄다 시간이란 차츰 발효가 되며 우리 눈과 코를 통해 사라지는 거란다 지나가는 시간이 젖은 빨래에 잠시 가려 있거나 닦인 게지 강물에 젖지 않고 뜨는 낮달도 봤잖니 푸른 녹색의 체인에서 벗겨져 이탈한 시간도 작은 바퀴처럼 이슬처럼 둥글게 걸려 오는 게 시간이란다

둥글게 걸려 오는 게 시간이라뇨? 그럼 비가 그치면 우리는 아버지를 볼 수 있나요

얘야, 햇볕은 혼자 오는 법이 없단다 둥근 시간에 감겨 오는 거지 그런 시간은 정교하게 깎인 시곗바늘에서 초침이 먼 지상의 소실점을 가리키며 원을 그리며 마치 이슬처럼 증발해 가는 게 순리란다 시간이 지날수록 빛을 잃은 돌의 원석처럼 투영됐던 기억들이 지상에서 무디어져 가는 거지 거실 둥근 시간의 걸개 속에서 빨래가 마르는 걸 봤잖니 하지만 폭우

가 올 때면 섬과 육지가 끊기듯 시간은 멈추기도 한단다 마치 다른 입술에서 휘파람 소리를 내듯 흘러내리지 비의 등줄기에 태양이 앉지 못하는 이치와 같은 거란다 빨래가 마르지 않는 것도 그 때문이지

그럼 시간은 어디에 있는 건가요

시간은 과수원과 과수원, 과수원 속 사과 사이 건물과 대지 구석구석에 묻혀 기호처럼 이슬처럼 빛나고 있단다 얘야 아버지 보사도 한땐 이슬이셨단다 이젠 인방 헌 구석에 풀린 태엽처럼 접안돼 있지만 사막 검불처럼 바람에 쓸려 덩치 큰 우박처럼 우리에게 내릴 때도 있지 육지에서 바다를 바다에서 육지를 보는 것처럼 우박들은 이슬과 이슬로 나누며 무지개로 사라지거나 저 모자처럼 걸려 있기도 한단다

어머니, 아버지가 다녀가셨나 봐요 모자가 걸려 있어요

그래 아버지가 다녀가셨나 보다 간밤에 이슬비에 은어처

럼 시간을 거슬러 올라가려던 무늬의 흔적이 있구나 애야, 아버지의 길도 저 길이 아닌 바에야 중력을 가지고 있는 것들은 모두 소멸하는 시계를 가지고 있어서 네 아버지도 예외는 아니었나 보다 큰 소 떼나 개미 떼나 갈기러기 떼나 캄캄한 먼지 같은 시간을 털고 공중을 향해 거꾸로 떨어지는 모래시계처럼 애야, 물고기가 새처럼 날고 싶어 하던 흔적들이 이제 돌아오는 시간이 되었구나 둥근 모자로 시계처럼 그 속에 눈물 많은 네 아버지처럼 또 어딘가에서 비나 눈을 피하고 계시거나

칸나

칸나가 책상에 꽂혀 있네

칸나는 어릴 적 칸나, 비를 몰고 붉은 노란 색색 기억의 머리에 박힌 대로 오지 도시 사과탄처럼 붉은 네온사인 빛을 터트리며 가지 총총 유년의 개울을 지나 동색 샐비어와 함께 오지 지나는 바람과 그늘을 홍정하며 허기진 위장처럼 땡볕 개울을 건너 문 열린 곳간 허기진 발등을 향해 오지 이제 무너져 햇볕 들지 않는 집 기억의 한 축에 서서 오지 않는

나는 아직도 나는 고향 텃밭 칸나의 집에 세 들어 산다네

감자꽃이 피는 것은

감자는 추억하기에 둥글지
자줏빛 텃밭 모서리에 마주 앉게 하지

감자를 생각하는 것은
싱싱한 초록의 순을 만져보는 것
웃자란 제 푸른 눈이 맵다고
자꾸만 비벼대는 눈빛을 들여다보는 것

일곱 창문 날씨를 들여다보는
늙은 어미가 뱉어내는 무한 중얼거림도
실은 이제 낮은 계절로 가기 위한 계근법
그것은 이제 더 꽃을 피우지 않겠다는
모두 거두어 수확하겠다는 뜻
빗방울처럼 저 방울져 오는 기억을
이 텃밭에 다 감출 수 없네

제 몸에 싹을 틔워 수확을 해본 것들은 안다네
여는 이래 보랏빛 시간의 앙금이

어느 계절에서 어떻게 만나게 되는지
마디마디 붉은 유혹을 지나 꽃을 피우며
어떻게 열매를 맺는지

텃밭 밑 등을 파면 지느러미처럼
저 꽃을 피워내는 것은 추억의 힘
딸려오는 유랑의 기억 속에서
질척였던 내 추억을 찾기엔 이 계절이 너무 짧네

상처를 바라보고 눈을 비벼대는 사이
또 목울대 한 끝이 가려워 오네
기억의 파문 끝으로 한껏 보라 꽃
목을 내미네

미늘

바늘과 미늘은 한 몸이지만
제각각 하는 일이 다르다
제 몸의 오독을 가장 가깝게 읽기 위해
한 치 간격을 가지고 있다

고기를 기다리는 동안 찌는 수심을 읽는 포집용
잠시 잡혔다가 빠져나간 입질로
강의 폭과 길이를 가늠한다

간혹, 바늘은 강의 틈을 좁혀가며
늑골까지 꿰어 올리는 상상을 하지만
그것은 구부러진 바늘의 생리일 뿐
찢어진 시간의 터럭만 빼내기 일쑤다

미늘이 움직일 때는
바늘이 강의 움직임을 파악했을 때
어적이 새 물길로 몰려들며 이는 파문은
실은 불안과 경계의 지느러미가 만드는 것

그 떨림은 깊은 강의 바닥과 맞닿아 있어
미늘에는 훌륭한 먹잇감이다
아직 빠져 살아 돌아온 이가 하나도 없다

이윽고 고기가 불안과 불안이 만든
미동의 끝을 문다
아직도 길을 찾는지 그 외통의
끝을 물고서도 파닥인다

습(習)의 통로

목조로 집을 짓는 일은 역시 노르웨이식이 맞다고 믿었다
습(習)의 통로는 인치를 재는 자에 새겨 있지 않으므로,
침엽수림 목재로 일일이 손으로 집을 짓는 노르웨이식 단어를 찾아
목조 구조의 벽체를 계산했다

내부 문은 자작나무가 제일이어서
단열작업 전 목재는 열풍기를 돌려 말리고
앙카와 시트가 이어지는 부분은 토치로 구워 결합해줬다

방수는 침수가 잦은 산그늘 그치는 곳이 마감선
천장까지 다 해야 하지만
나무와 나무가 만나는 지점은 잘 마르지 않아
며칠 자연식 환풍에 작업 공간을 비워두기로 했다
긴 장대 못으로 단단히 습이 지날 시간에 박음질해 뒀다

뒤꼍 텃밭의 토마토가 익고 친구와 축하주를 마시는 동안
아직 칠이 끝나지 않은 나무가

파도와 함께 들이닥칠 태풍의 결들을 먼저 읽었다
은은한 자작의 목향에서부터 퉁퉁 불어왔다
어쩌면 습들은 아마 퇴보와 대들보 순으로 바람과 함께
밀려들어 왔을 것이다 이층 바닥이 출렁거리고 기둥 사이
가 가라앉았다
아직 마름질이 덜 끝난 지붕을 쇠지레로 뜯자,
나무에 가려 들어오지 못하던 습들,
유유히 헤엄을 치고 있다

나무벌레가 들었던 내 기억의 언저리에도 구멍이 들었는지
오래 잊었던 이름들이 호명된다

새의 입술은

둥지를 내는 일은
가지 끝에 나뭇가지를 옮겨 다니는 새소리가 들
소리통을 엮어 간다는 말

저 간질이듯 부리를 재촉이던 운율들의 배후에는
무엇이 있나

나무 사이 흩어졌다 다시 만나는 파문으로
밑그림을 그린다

새 울음을 나뭇잎에 복사해 한 땀 한 땀 행간을 지어가는 바람

망치와 톱질 없이 흔들릴 때마다
허공에 걸개를 걸어 이동하는 방식이다

하지만 허공에서 찢기지 않고 집을 짓는 보료는 없으므로
허공이 움켜쥔 가지를 놓친다 길을 잃는다

하여, 새소리는 모두 찢긴 가지의 음계를 가지고 있다
오래 흔들린 뿌리여서 깊은 공명통이다

안단테

느리게 가면 그러니까
안단테 안단테 하면 앞보다는
뒤로 가는 느낌이 크다
겨우살이 참나무에 기생하는 황금가지처럼
한 발 두 발 뚜벅뚜벅
다시 음표의 그림자 안으로 드는

종내 귀를 통해
내 걸음의 보폭이 되는
인간세계의 집을 짓게 되는

뾰족 부리 늙은 새

칠흑의 적막 안으로 둥지를 짓는 것은
늙은 새 한 마리뿐,
연신 밑금 친 도면의 허공을 쪼아댄다
새끼 떠난 창틀은 도면에 한 품 마름질을 더했다
차츰 빛 끌어 박음질한 자국 위로
푸른 나무의 맥박이 처마를 오른다
부드러워지는 결들 속에서 제법 송진 냄새도 난다
오랫동안 뽑히지 않는 못은 이 집안의 내력,
가지를 전전하던 식솔들의 잔상이
여섯 촉 전등 속에서 깜빡인다
나무 쪼는 소리가 어둠을 뚫고 어디까지 퍼졌는지
희미했지만,
검불 바닥에 붙은 새끼들 노숙의 시간도 보인다
열매를 나누고 잎을 늘려가는 나무 사이에서
습지의 차가운 손들이 잡힌다
오랜만에 활기를 찾은 둥지가 다시 위태로워진다
이 숲에서 더는 분할되지 않아야 할 풍경이다

흠집 난 안경

폭풍은 어디로 가는 걸까

나는 지난여름 싱크대에 놓인 수저 안에서
빠져나가지 못하는 해수를
깨진 안경 사이로 바라다보고 있다
은빛 귓바퀴에 싸인 파도가
해안 쪽빛 모래시계 틈에 걸려 있다

아직 안경 속 바다의 경계는 불분명하다
해안선 바위에 부딪쳐 튀는 물보라가 방파제
벽면에 물고기 그림을 그리고 있다
경계가 없으므로
나는 잠시 안경 안에서는 지평선을 내린
섬이나 어족이 하나가 될 수 있다고 생각한다
경계가 없으므로
공중에서 군함새 무리가 수직으로 하강하며
서로의 눈이 찔린다

찔린 눈 속으로 고기 떼가 몰려가며
해안의 한쪽이 시계 방향으로 쏠려 든다
해수가 빠져나가며
울컥 싱크대 수도꼭지 물이 쏟아진다
식탁 안경알에 한 획 더 빗금이 진다

나는 지금도
떠난 파도를 기다리는 흠집 난 안경이다

발자국 무덤

— 오아시스

개썰매를 몰아 방향을 찾는 이누이트족은 눈[雪]의 주름을 보고 길을 찾는다는데

여행자들은 자신들이 이를 오아시스를 물의 발자국 방향으로 길을 찾는다

멀리서 보면 그 물길을 찾는 모양새란 흡사 느린 낙타의 행렬이다

일순 마름침도 삼켜버리는 사방(砂防)에서 습지를 찾을 수 있는 것은
그들이 오래 거느린 야성에 단련된 낙타의 후각뿐이다

여행자들은 수백 킬로미터 흩어져 있던 물들이 왜 이곳에 모이는지를 알 수 없다 하지만 처음 풍만한 호수로 돌아갈 수 없다는 것만을 알고 있다

마침내 나다른 이 샘의 깊이는 누대(累代)를 이어온 수행자

들의 구설과 같다

신발 뒤축에서 벗어난 발자국들이 가지런히 누워 있다

오아시스는 오랜 여행자들이 만든 거대한 발자국 무덤이다

거위벌레

평생 제집 만들기에 골몰했던 김 씨
아직 알집 하나 마련 못했는지
술 취한 채 공원 가로등 불빛 아래
돌돌 신문지를 말아 뒤집어쓰고 잠든 채
산란을 꿈꾸고 있다

한 입에 풀린 취기 가득한 눈은
생활정보지 속 따뜻한 방 안 온기를 더듬지만
아직 산실은 겨울의 누각처럼 냉기 가득하다
흐릿한 활자 사이에 놓인 개울을 헛디디며
구불구불 산 번지 골목을 따라 오른다
산꼭대기에 매달린 아파트,
휑휑한 심방에
날씬한 성충의 알집 주렁주렁 매달려 있다

곤충이 알을 낳는 것은 종족 보존을 위해서라는데
요람 속 식구들 뿔뿔이 흩어진 개발지역
철 지난 매미처럼 성장을 멈춘 어른벌레 한 마리

신문지 여백에 돌돌 말린 채
바스락거리며 말라가고 있다

알로 돌아가는 중이다

제빵 골목

전력을 다해 원을 도는 미끼가 있다 쫓고 쫓기는 모습 하늘 속 비상 같다 스타팅 박스 좁은 통로 질주가 긋고 가는 장력이 크다 그레이하운드 표적을 관통할 듯한 부상도 아랑곳하지 않고 원을 도는,

분명한 목적을 가진 저 속도가 무섭다 나도 한때 저 원으로 던져지길 원했지만,

서로 이를 맞댄 채 돌던 톱니바퀴가 동력을 놓친다 골절된 시간 한 마디가 이탈했다 한평생 빵을 만들다 불을 놓친, 뢴트겐 사진 속 사내의 속력이 식빵처럼 검게 타 보였다 꽃이 종이 위에 중심을 그려내다 멈춘,

사내, 겨우내 어둡고 축축한 골목을 막 빠져나오는 중이다

제3부

빵 위에 쓰는 편지

그가 빵을 굽다 마룻바닥 새소리에 흩어진 빵조각들을 쓸어 담으며 엎드려 꾹꾹 눌러 편지를 쓰고 있다 여름 한낮이었다

다시,
그가 흩어진 새소리에 여름 한낮의 빵을 굽다가 하늘빛 수국을 편지지 안에 그리고 있다

다시,
그가 빵을 먹으며 TV 속 야구를 보다가 수학자 페르마*처럼 하늘빛 물감이 넘쳐흐르는 여름 남상의 그림 속을 빠져나갔다

다시,
사뭇 차가운 이곳 공기는 다르다고 누가 말했다 페르마 그의 그을린 얼굴이 허공과 맞닿아 있다

*수학자로 디오판토스의 『산술』이라는 책 여백에 "페르마의 마지막 정리의 감탄할 만한 증명 방법을 발견했지만, 여백이 너무 좁아서 여기에 쓸 수는 없다."고 적었다.

거울 그림자

이 방의 온도는
언제나 2% 산소가 부족하지
타일 위 구두 소리도 한 박자 느려 창백하지

어항 속 물고기는
무슨 립스틱을 바르고 사는 걸까
그녀의 뒷모습을 삼킨 방은
거울에 접힌 채 더 이상 내일을 예언하지 않지
빈 생수병과 비린 통조림 안에 고인 시간이
거울의 그림자가 되지

내 얼굴에 화장을 덧칠했는지
거울이 화장을 덧칠했는지 알 수 없는,
유리의 두께를 가늠하며
눈을 찌를 듯 맞댄 거울의 경계
저 소름이 거미줄처럼 번지며 깨져야
더 크고 긴 미소를 볼 수 있네

구겨진 깡통 소리처럼
긴장했던 땀방울이 유리 파편처럼 흩어질 때
거울의 마법에서 풀리게 되네
천년의 창백함을 벗을 수 있네

말티즈와 아내

아내는 말티즈를 좋아한다 지중해 몰타 태생인 이 개는
검은 눈이 그 섬의 푸른 밀림과 닮았다
순백의 깃털을 가진 개는 다리 한쪽이 짧아
그림자도 한 뼘이 늘 그늘져 있다
타다닥, 타다다닥
소아병을 앓은 말티즈는 공격적이다
—중증이군요. 처방도 일시적일 뿐 대책이 없네요.
아내는 말티즈를 사랑한다
나는 아내를 사랑한다
밤늦게 일을 마치고 온 그녀는 온종일 집 안 구석구석 탐색했을
말티즈의 발자국을 지우며 하루의 부재를 묻는다
나는 포악한 저놈의 성격이 잡식을 시키는 아내 탓으로 생각한다
—저놈이 살면 얼마나 산다고 먹는 것으로 구박해요?
순수혈통이 잡식하면 단명한다는 상식을 가진 나,
믿건대 그녀는 환약처럼 다디단 음식을 줘
끝내 저놈을 산화시킬 것이다

지구에서 가장 오래된 토이견으로 남고 싶어 하는
그 바닷빛 눈동자를 아내는 이해하지 못한다
나는 몰타의 반짝이는 눈동자를 사랑하고
그래서 말티즈가 죽어도 지중해에서 들려오는 딸랑거림을
내내 그리워할 것이다

달빛 족속

풍문은 고랑으로 번져가며 짙어갔다

항간, 풀숲 사이에서
수박이 저리 더디 크는 것은
젖 물린 채 칠흑 어둠에 쫓기며
식솔을 늘려가는 족속 때문이라 했다
밤마다 무엇이 조금씩 뿌리를 내리며
그 큰 밭을 장악해 나가는지 알 수 없다며
혀를 찼다

늙은 개의 마른 울음이
먼 마을까지 번져갈수록
늑골 층층 차오르는
풍문의 비밀

더는 미룰 수 없다는 듯
소문만큼 둥글어진 여름밤
사람들은 하나둘씩 모여

원두막이 마치 심장을 들춰내 바치는
피의 제단인 양
수박의 한 귀퉁이씩을 시원스레 베어 물고는
푸~ 하고 일제히 씨앗을 뱉어냈다

젖가슴 속 차오른 핏줄이
툭, 툭 단내를 내뿜으며
풍문 속 수박을 붉게 지나가던
초승 달빛이었다

나무 이름 저장소

나무가 다시 원시의 숲으로 돌아간 것은 끔찍한 태풍이 휩쓸고 간 직후였다 바람에 수천 그루의 아름드리나무가 서로 부딪히며 부러져 나갔고 그늘 밑 풀들도 꺾인 나무에 짓이겨 다른 색깔을 냈다 뭐니 뭐니 해도 최악의 피해를 본 건 쓰러진 나무들의 이름이었다 원산지와 성장의 특성을 꼼꼼히 적은 주석들이 가을 운동회에서 놓친 풍선처럼 하늘 높이 사라지며 미지의 세계로 돌아가는 거였다 저녁이 다시 오고 바람을 가득 채운 나무들이 형형색색 꽃들을 피우기 시작했다 그제야 나무들은 제 몸에 피우고 싶은 꽃들이 너무 많다는 것을 알았다 마치 원시림에서 처음 꽃을 피워보는 것처럼

물방울 퍼즐*

처음 그가 이 들판에 나타났을 때는 입을 꽉 다문 작은 이슬 한 방울에 불과했다 손에 단단한 돌멩이를 쥐고 어디로 향해 날려 보낼 것처럼 보였지만 언제나 조그만 손이 헛헛해 보였다 무언가 채워야 하는 조바심이었던지 물 젖은 손으로 켜는 라이터 소리조차 공포스레 느껴졌다 그런 한순간 무슨 결심이 꽉 다문 입술의 갈래를 타고 깨지며 방울과 방울들을 간섭하기 시작했다 확장되기 시작했다 눈망울은 달콤했지만 어둠에 서서히 드러나는 들소의 윤곽처럼 위험했다 그러나 밀어낼수록 소문과 소문이 겹치며 차츰 들판의 풍경이 되어가는 거였다

어디로 향해 날릴 듯

날카로운 연필 끝에 뛰어내린
물방울이 지은 혐의들이 차츰 퍼즐처럼 맞춰지고 있는 거였다

캔버스 물방울들이 소리 없이 매달려 있다

---

* 김창열 화백의 물방울 그림.

바다의 어원

우리가 바다를, 파도를 그리워할 때
바다는 우리에게 막막하다는 말을 먼저 보냈다
고래가 제 등에 향유를 채우고
불 밝히는 긴 시간 동안
바람의 갈기 끝에 문장을 새겨
대륙과 대륙 사이 기러기와 갈매기의 솟대 풍향계 위에
끝없이 그 심정을 적어 보내왔다

그때 바다는 우리에게 늦어지는 이유를
물새와 기러기 떼가 파도 위를 스치듯 나는 것은
알다시피 우리의 품이 너무 넓어 그러지 않느냐고
심해 바다 물길 속, 향유고래가 물을 뿜고
고래를 따르는 수천 무리의 어족들이 드나들 때마다
막막한 너울을 잡을 수 없어 그런 거라며
바다색 낙인이 찍힌 엽서 한 점을 바람에 보내왔다

바다와 파도의 입장을 이해한다지만
오늘도 사람들은 바다와 파도를 보기 위하여

다시 해안가로 나섰지만,
햇빛과 구름의 전령이기도 한 바다와 파도는 오지 않았다
간혹, 만선의 깃발이 바람에 휘날리며
어시장 생선의 비린내로 울컥 뱃멀미가 오고
간혹, 배 선미에 선 사람처럼
바람에 흩어졌던 머리를 쓸쓸히 쓰다듬었다

청과물 16호

누군가 또 골목의 팽팽한 긴장을 놓쳤는지
빗방울이 날렸다

상가가 들어서며 시장은 서열이 정해졌다
한곳에 오래 머물러 있으면 곪거나
폐기처분 되는 과일의 생리처럼
가게는 중심에서 멀어져야 하는 게 이 블록의 법칙이다
성장기 짧은 양파부터 무르기 시작했다
주렁주렁 호박이며 오이의
싱싱한 그늘이 되어주었던 김 씨의 이력은
빗물에 번진 얼룩처럼
상가 계근대에서 영점으로 요약됐다

채소 속에 과적한 냉기가 힘없이 주저앉자
지나던 행인들은 양파 속에
저런 무거운 체중이 어떻게 실릴 수 있는지 궁금해했다
더는 유효기간을 넘길 수 없는 상추 한 단을
떨이로 쥔 아줌마는

흐린 채소 시장의 기상도를 읽고
서둘러 지하를 빠져나갔다

장마가 길어지고 있는 가운데
입을 굳게 다문 아이스박스 속 채소들이
파랗게 하루를 더 견뎌내고 있었다

비등점에 대해

뜨거운 주전자에 들기 전 조르르
차가운 한 줄기 수돗물이었던,
당신의 몸은 뜨거운 좌표 어느 곳에서 딱딱하게 굳어 서 있나요?
땀 많은 제 콧등까지 한 줄기 바람과
그 적막한 부재가 오기까지
미끈한 둥근 체형을 내밀며 뜨겁게
나의 입 안을 돌기 쳤는데,
한 발도 떼지 못하고 꼼짝 못하고 서 있는 당신,
불은 물이 잡는다는데 왜 아직 저 끓는 꼭짓점 위로
얼굴을 보이지 않고 있는 거죠?
뚜껑이 열린 믹서기 양날처럼 달궈졌을
당신의 얼굴은 뜨겁거나 차가운, 가렵거나, 간지러운
그 사이?
비등과 결빙 사이 질겨 씹히지 않는 압점 같은?

문제는 주전자보다 상어 아가리처럼 큰 당신의 입 때문,
이유는 주전자 안에서 심연의 끝을 향해

거꾸로 자라는 고드름처럼
1cm를 남겨둔 채
자꾸 증발해 끓기는 오늘의 기상도를 예견하지 못했기 때문,
100도를 넘겨 이제 완벽히 발화된 당신,
하얀 나팔꽃처럼 입을 벌리네요
하지만 당신이 가진 저 1도의 얼굴은
비등점의 꼬리인가요? 몸통인가요?

흰 섬 하나 그리며

우리 어매 산매자 꽃 붉은 아기집에 나를 두었을 적 초승빛 더듬어 오던 약지 끝으로 흰 섬 하나 떠오르며 나를 낳았다는 오늘 건들바람도 조용한 하늘 아래서 꿈을 꾼다 무등한 어깨 감아 입은 탄탄한 산맥 틈으로 일어선 물줄기 시내를 지나 강줄기로 모이더니 이내 소나무에 얽힌 근한 힘들이 가는 모래에 아랫도리 밀며 무수기 사랑 만나려는 뜻도 보고 펄펄한 수초 그늘 그늘에 쌓인 어둠들이 모여 섬 보러 가자 섬 보러 가자 잎잎에 노래하며 한가로운 산빛 제치고 진득한 햇빛 낱낱도 만나더라 그랬지 그 어디 소금 티끌 어느 여울 여울에 뿌릴 수 없는 사랑이 흐르더라 섬 보러 가자 섬 보러 가자 뻐꾸기 울음도 디뎌 마신 은빛 수고기도 잎잎에 눈 비비며 즐거워하는 이 산 천 년 꿈결이 궂은 손때 달아오른 돌비늘에 비친 山, 쓰라린 기억 밑으로 손을 넣었을 때 별 하나 이녁의 구들에 넉넉히 빛나는데 삼삼한 것은 언뜻 막 잠 끝에 보였던 강의 긴 등으로 묻힌 여러 섬 가운데 인비늘처럼 빛나는 흰 섬 하나가 설깬 내 눈썹 위로 아득하더라

여름의 끝

담벼락 아래 개미 떼
미꾸라지 한 마리를 놓고
마지막 먹이 처리에 열중이다
온통 머리 숙여 저 먹이에 집중하는 광경,
무딘 저녁의 몸피 같다

석쇠 위에 붙은 생선처럼
여름 땡볕의 화점이 화르르 씹혀가고 있다
저 개미는 자꾸만 또
절정의 한 계절을 비껴가는 것이다

구피*

내 몸에 그림 하나 그려 주세요
바디페인팅 노란 혹은 붉은 물감으로
지워지지 않게

기억나지 않아요
어항 속의 고기처럼 집을 찾아 돌아오는 그 기억
제겐 없구요

기억의 틈에서 만나 일어나야 할 색깔들도
고개 들지 않아요

불을 꺼주세요
나를 가두는 저 케미라이트 불빛들
찬란해 나를 볼 수가 없어요

한 번도 기대본 적 없는 등처럼
마주 보고 살아온 적 없어요

왜 내 집은 투명하고 밝죠?

문은 잠겼고 문은 어디에도 없지요
가끔 꼬리에 닿는 유리가 가파른 벽처럼
닿지 말라고 끽끽거려요 그러면

날아올라요, 파드닥 날렵한 물새 떼처럼 날아오르면
햇살이 비늘처럼 파닥거려요
현기증 나는 시간 속에
크고 싱싱한 고기 한 마리 다시 어항에 떨이져요

---

*구피는 한 번에 40마리 정도 새끼를 낳고, 종류도 수백 종에 이른다. 그 수가 기하급수적으로 늘어나는 특성 때문에 '백만어'란 이름으로 불린다.

구천동 능금

무주 능금은 구천동 어둠이 키운다
지상에서 가장 먼 산 하나 얻어
능금나무를 키운다

가지는 허공에 뿌리를 내려
어둠처럼 단단한 바위가 됐다
세상 모든 발자국이 딛고 지나갈 수 없는 바위틈에
달이 지난다

능금 가지마다 초경 같은 하얀 꽃들이 피고,
달은 종알종알 자욱하던 꽃들의 얼굴을 잊지만
밤마다 어둠은 산기슭 꽃들을 품는다

가지는 몰랐다
왜 제 몸이 칼처럼 휜 그믐에서 아침을 맞는지
구천동 계곡의 바람이 밤마다
나를 옥죄었는지,
달빛 없는 밤이 되어서야 알았다

어둠 속에 꽃들을 떨치고 알알이 굵어진 능금들이
둥근 근육마다 어둠이 둥그렇게 자리를 잡았다

지금,
구천동 능금 한 알이 산의 어둠을 껴안고 가는 중이다

쌀의 무게

저 쌀알은 이제 제 무게를 알 것이다
바람의 갈기에 매끈히 깎인 채 모로 누웠으니

앉은뱅이 소곡주처럼
그 여름 논둑까지 흥건히 적시던 물방울들은 다 어디 갔나?

갓 채굴된 다이아몬드가 원석의 제 체취를,
입 안의 치아들이 제 무게를 느끼지 못하듯
바람의 누대에 들어본 적 없는
쌀알들은 제 무게를 알 리 없다

무릇, 벼가 굵어진다는 것은
물방울 수천의 바람에 바늘귀를 꿰듯
한 알 한 알 찰랑거리는 소리 한 줌 가득
지어내고서야 있는 일

모든 바람을 보내고 축 고개 숙인 벼 이삭에는
수수만년을 달려오다

무너지듯 주저앉은 곡식의 무게가 있다
저곳에 가면 쌀알이 자꾸 무거워진다
공기가 희박해진다

그녀의 소금 레시피

그녀가 간을 봅니다 수면 아래로 던져진 동전의 안부를 묻듯 짧은 한 발로 총총 레인지 위 찌개 맛을 봅니다 다친 발로 간을 본다는 것은 벽돌을 딛고 창문 안 캔버스 밑그림을 들여다보는 일과 같습니다 한 발만으로는 써 내려갈 수 없는 게 세상에는 많습니다 레시피에 먼 섬나라의 맛의 역사와 맛이 저지른 기행이라고 적습니다 그녀가 찌개 앞에서 망설이는 사각의 투명한 결정체는 깊은 원근을 가지고 있습니다 그것은 옛 애인과의 상처를 잊게 해주기도 하지만, 얼음 틈 크레바스처럼 위험합니다 어느 겨울, 한 사람이 다른 사람과 만나며 눈 이야기가 만들어지는 일이나 집 잃은 고양이를 다시 찾았을 때부터 서사를 다시 써야 하듯 모든 것은 제각각 뒤틀린 총총거림이 있습니다 마치 그것은 식탐에 잘리고 뒤섞인 곳에서 각자의 입맛을 찾는 일과 같습니다 허공에서 허우적거리는 그녀의 발끝에서 땀방울이 맺힙니다 발끝에서 얼었던 소금이 차츰 풀립니다 우리는 중력을 잃은 스텝처럼 이제 조금씩 찌개 속 입맛에 서로 가까워져 갑니다

제4부

어둠 한 채

돌아오지 않을 거라 생각하지 않았다 온통 푸른 눈빛의 그가 사라진 뒤 한 움큼 빠진 밤의 자리에 잠시 불면의 밤이 생겼을 뿐

가난이 가난으로 가까워질 수 있는 건 더는 움막도 될 수 없는 빈방의 불 꺼진 구들 창을 열어보는 것 이야기를 들어보는 것

이탈했던 둥근 시간이 새 방에 들었다 차디찬 구들에 동그란 눈빛이 온기로 차오른다 또 뜨거워진 어둠이 어둠 속으로 사라진다

얼마나 다행인가 어둠으로 남는다는 것은 새 방을 얻은 연탄불이 따뜻한 이불 한 채 펴는 것은

한때 장미

한번 장미향에 길든 이는
이미 장미의 족속
푸른 장미 잎의 두건을 두르고
씨를 뿌리며 다닌다지
1킬로그램의 오일을 얻기 위해
4500킬로그램의 신선한 꽃잎을 얻으러 다닌다지

나도 한때는 장미의 향수를 지녔던 자,
신에게 닿을 장미의 연기를 피우며
휘발성 꽃향기를 믿었던 자
몸 층층 차올랐던 장미의 소문
장미의 입술

그때 나를 움직였던 절반은
장미의 연금술
그 향기로 가장 식물다운 꽃의 영생을 얻고자 했지만
향수는 절대 장미가 나무에 핀 꽃과 같은 향기를
뿌리를 가질 수 없다는 사실을 알았다

하지만 언젠가 신의 땅에 잘못 발을 디딘 듯
이미 걷잡을 수 없이 넝쿨처럼 번진
꽃의 무리를 보고야 말았다

거리에서 거리로 이미 장미의 족속들이
마치 씨를 뿌린 듯 리본을 단 듯
어린 아이의 치마에서 생생히 번지고 있던
장미의 붉은빛을

장미와 태양

태양과 장미는 닮았다
흑점의 매력을 지니고 있다
다가갈 수 없어 더 유혹적인,
저 풍경은
태양에 회귀하며 스쳐 지나가는
초록 들판 어느 장미의 계절쯤일 것이다
저 예쁘고 둥근 꽃잎들은 분명
무리에서 이탈된 별들이
다시 미의 정점을 향해 가는 통로일 거라 나는 생각한다
하지만 그 간극은 너무 차갑고 뜨거워
만질 수도, 다가갈 수도 없다
가젤이 사자에 쫓기고 있는 것처럼
그 붉은 질주를 지켜보던 태양도
그만 여름 담장 위에서 시선을 놓친다
그사이 장미는 붉은 꽃잎을 내며
체위를 바꾸고 있다, 확장한다
희박해지는 공기 속에 장미가
무성한 시간 사이로 번져 있다

뜨거운 향기를 토해내고 있다
태양도 가끔 잃어버린 시간이 있어
그 상흔은 차갑다,
아니 붉다

날아라, 골목

희수의 노인이 고물을 걷고 있다
대 화 상 회,
뚝뚝 끊기던 말들이 어둠의 지문에 섞일 무렵
목이 쉬도록 울던 공병이 수레에 실리며
골목이 정돈되기 시작했다
세우고 짓는 것보다 버릴 것이 많던 골목
담벼락에 기댄 자전거 뒤축에 바람이 빠지며
골목을 잇대던 못에 파랗게 일던 불빛을 게워냈다
허기를 데우던 가스레인지와
하루의 남루함을 밝혀주던 전깃줄,
부러진 페달들이 서로 온기를 이어가며 동맹을 꿈꿨다
폐지, 축축한 끝을 만져보지 않아도
노인의 눈빛은 고물상 저울추처럼
골목 바닥까지 읽어 내려갔다
말수 적은 구부정한 골목이 수레에 차곡 쌓여갈 때
아이들 헐렁한 품으로
밤새 경계를 풀지 않던 어둠이 안겨들었다
희망과 회한이 뒤엉켜 어느 하나 버릴 것 없던 골목에

다 쓴 치약 껍데기처럼 어둠이 밀려 나갔지만,
한동안 우두커니 서 있던 골목이
꽃 진 자리처럼 아리게 아팠다

자전

강아지와 자전거를 타고 산책을 하다 바람을 만났다

땅은 한순간 중력을 잃고 괘도를 이탈하며 별들의 호위를 받았다

중력을 떠난 강아지의 순한 눈빛이 별과 별 사이로 흰 포물선을 그리며 박혔다

풀밭의 꽃과 초록 잔디들이

바람 안쪽 또 다른 대열에 몸을 맡기고 날아올랐다

온갖 색들이 뒤엉켜 속도만 남기고

아무런 기록도 활자도, 우연히 해체를 알게 된 집들도

떠나온 자리를 걱정하지 않았다

차디찬 얼음 속을 걸어 나온 이름 모를 것들이

하늘의 차디찬 공간에서 눈 맞추고 헤어졌다

저 찰나의 눈빛도 짧은 편지의 기억에 저장되지 않았다

페달의 브레이크가 자유로운 자전거의 백미러 안으로

몽골 초원, 고비사막을 지나

홀로 외로운 지구가 푸르스름하게 잡혔다

단팥빵과 바게트

아내가 사 온 단팥빵이 며칠째 식탁 위에 놓여 있다

촉촉하고 부드러운 단 술맛이 나는 빵에
딸은 입을 대지 않는다
사실 딸은 빵이 싫지 않다, 우유가 첨가된
바게트 빵 몇 개쯤은 갈아치운다

말을 하진 않지만,
명백히 저 단팥빵은 아내가 좋아하는 빵
아내는 달콤한 팥 앙금이 한입 가득할 때
한순간 조약돌 같은 검은깨 사이를 통통 걸으며
옛 추억에 잠기기도 했을 것이다

하지만 딸은 눈을 주지 않는다
아내는 세상에서 가장 행복한 빵을 만들었다는
팔봉 샘이 빵을 만들어 70년대식 달달한 걸음으로
아내 근처를 배회했다고 생각한 것일까

생각이 커질수록 적당한 유효기간과
단술에 버무려진 빵이 부풀어 방 하나를 만든다
아내도 딸의 방도 아닌 저 방에서
냄새도 의미도 없는 건조한 시간이 배회하고 있다
식탁 위 빵 한 조각이 발효를 기다리고 있다

협궤열차

푸른 알곡들이 협궤열차를 탄다
철도에 승차한 노랑 파랑 색색들이 철길을 통과하며
풍경 안으로 뛰어든다
정차역이 이른데도 강과 산
자궁으로 몸을 던지는 곡식들
철길 주변 양철지붕에도 후두둑 떨어진다
요란한 쇳소리와 합쳐지며
지붕도 금세 푸름으로 번진다
탱탱한 알곡으로 가득 찬 생명이 터지며
살찐 닭이며 염소들이 분주하다
수없이 부서지며 분열하는 색들
도심 복판에서는 파지처럼 흩날릴 테지만
고립무원 마른 땅속에서는 종자처럼 자란다
열차에 울렁이던 산과 밭들이
실 자국 하나 없이 직조된다
덜컹거리며 달리는 기차 주변
수억의 푸르름이 옥수수처럼 번져간다
기차를 움직이게 하는 것은 푸르름의 힘,

속도를 가진다

구름동굴을 지난 열차가 보이지 않는다
놀이터 시소처럼 산의 등줄기를 넘어갔다
이 도시 주변에는 산과 도시를 잇는
협궤열차가 돌고 있다

등(腰)의 감정

오래전 어느 로마 귀족 무덤에
안장과 청동 장식품을 함께 단
말의 유해가 최근 발견됐다는데

그 기사를 읽으며 나는
언젠가 몸살 앓던 내 등 언저리로
야생의 말들이 드나들었다는 것을 알았다

그때 통증에 잠깐씩 끊기던 의식은
실은 먼 곳 말을 불러 모으기 위한 주문 같은 것
자갈밭을 가르는 방울 소리
척추를 타고 몸의 중심으로 퍼져 가던

며칠을 등가죽 사이를 뛰며 드나들던 말들은
마침내 살과 살 사이로 옮겨 붙던
붉은 반점을 짓누르고
휘호를 긋듯 정강이 사이로
긴 먼지를 뿌리며 사라졌다

하지만 그들은 내게 수일 내에 들른다고 했으나
아직 오지 않았다

그들을 기다린 지 십수 년째
나는 이제 신력(神力)을 잃어
멀리 희미해진 방울 소리에 갇혀
그 말들의 종이 되어간다

단지 바람을 가르던 그 갈기들
그 귀족의 등 어디쯤
잘 새겨진 문양이 되었을 거라 상상하며
그 근심의 무덤을 지켜보고 있는 것이다

자꾸만 별이 생긴다

별은 생각보다 우리 곁에 길고 깊게 있다
깊은 살 속 티눈처럼

가로등과 후미진 골목 옆구리에서 흘러나오는 빛은
실은 부싯돌처럼 예리하게 조각난 별의 파편
그 조각들이 서로 어두워지지 않기 위해
고양이의 눈빛처럼 움직인다 처박힌다
칠흑 같은 밤하늘이 매일 칠흑 같지 않기 위해
불씨가 불씨를 꺼트리지 않기 위해 자꾸만 별이 생긴다

블링블링한 밤하늘,
침팬지, 오랑우탄, 고릴라, 제각각
다른 진화의 길을 걸어왔던 영장류가
빼곡히 들어찬 조도 흐린 사육장
그 안으로 이따금 유성이 하늘을 가로질러 내려올 때면
눈을 동그랗게 뜨고
손가락을 들어 그들이 떠나왔던 우듬지
찰나의 길을 따라 허공을 긋는다

처음 동굴 속에서 틔운 불씨 자리에 눈빛을 두고 있다

언제 들었는지
내 꼬리뼈에도 한참 오른
별 하나가 반짝인다

섬

꿈같았다 그것은 매우 비현실적인,
나는 자꾸만 달력을 보았다
나란히 서서 그리운 듯 서로 바라보는
1234567890
그들의 그리운 눈과 귀와 코가 무엇을 하는지
나는 잘 알 수 없었지만
간밤에 멀쩡한 소식의 이빨들이
그들에게서 모두 빠져나가는 걸
꿈속에서 나는 아무 생각도 없이 멍하니
자꾸만 달력을 보았다
어젯밤 달력의 문 들락거리던
그들의 발가락 손가락들이 어떻게 지내는지
나는 매우 궁금했다
아래 위 소식의 이빨들 모두 빠져
글자들은 종일 방만하게 누워 파도 소리를 들었는데
나란히 서서 반갑게 서로 안부를 묻고 싶은
1234567890

그들에게서 전화가 왔다
꿈같았다 그것은 매우 비현실적인
글자들의 세계 속으로 돌아가야 할
귀향의 날들을 헤아려 보고
나는 그들이 더 보고 싶어져
자꾸만 달력을 보았다

1200령 사과

사과를 믿지 않기로 했다
고장이 나 수신되지 않는 위성처럼
뚝뚝 떨어지는 사과들이란

기후 탓이겠지만
무리를 위해 무리가 되기 위해
과일이 과수원에서 줄지어 열매를 맺는 시대는 지났다
빛깔이 맛을 결정하던 시대는 지났다
그렇다면 앞으로는 과일의 이름을
빛이 과일까지 오는 거리로 명명해야 한다고 나는 생각한다
가령 수신의 열매를 탄 초록 1200령 호, 노랑 230령 호 등등

단맛을 정확히 말한다면
별들이 태양의 빛을 이고 온 파장
항간 수완 좋은 과일 중개상은
마치 예수 부활을 예언하듯
일주일 뒤 2000령 단맛 나는
사과가 내릴 것이라고 말하는 장사치도 있다고 한다

그렇다면 앞으로 이 불규칙한 조짐에
천문학자들은 모두 맛의 감별사가 돼야 한다

그러나 무엇보다도
그가 앞으로 올 것이라는 믿음이 가장 불확실하다
하루가 저물 즈음
좌판을 펼친 과일 장수가 매번 등장하는 것으로
그의 존재에 대한 믿음을 이어간다

저 빛과의 거리는 아직도 1200광년
언제 저 흰 가지는 제 사과들을 이득히
떨어트릴 것인가

신 황조가
—안개

송곳처럼 통점이 만나는 곳에 안개가 핀다

가지 틈 깃이 희다

가지에 잠시 앉는가 싶더니 금세 멀어진다

멀어질수록 조바심은 안개에 둘려 서로의 표적이 된다

흰 손끝이 팽팽해진 시위처럼 길다

인연은 풍경이 아니라는 듯

머리 위와 아래가 모두 공중인 젖은 발이 저만치 가고 있다

안개 고요한 속살 어디에 닿았는지 천 길 뒷걸음이다

허공에 찢긴 경계를 안는다

더는 무진(霧津)에 들지 못한 기억들은 손톱 각질처럼 부서진다

각질처럼 부서지는 기억에도 안개가 있다

활을 꺾고 시를 지은 어느 왕의 노래처럼

토르소*

토르— 하얀 반 좌상,
조각칼에 사과껍질처럼 말려가는 통증이
칠흑의 바다를 향하네

차가운 몸은 아직 기억하네
해안 절벽에서 떨어져 나온 멍멍한 돌들
다디단 청어 살처럼 포말을 이루며
먼 바다로 밀려가네

화판 위로 낮엔 갈라진 살과 근육의 틈새를 따라
파도가 새처럼 빠져나가고
바위와 진흙, 수초를 헤치고
피에트라 산타의 석양을 쫓네
폭우 속, 번개 안에서 지워진
오랜 절벽의 풍경을 보네

숨 차오르는 수평선으로
펠리컨에 쫓기는 고기 떼가 튀고

멀리 담벼락에 허리를 펴지 못했던 얼굴들이
적도의 힘줄처럼 툭툭 불거지며
마을의 길과 기둥, 집들을 잇고 있네

토르는 아직도 항해 중이네
잠긴 발끝까지 짙어오던 소복한 밥 냄새
파도처럼 부서지는 그곳에 그림자가 보이네
저 동공 속,
깊고 깊은 눈빛을 보면 알 수 있다네

---

*몸통만으로 된 조각 작품.

피아노포르테

나는 소리에 갇혀 있다 한 음절의 소리를 보내기 위해 건반 안에 갇혀 있다 하나의 소리를 위해 건반을 때릴 수도, 흔들 수도 있다 어떤 속도와 감각에 갇혀 있다 손가락이 더 길면 손이 조금만 더 크면 좋겠어요 소리는 오직 손가락과 손끝으로 온전히 받아낸다 손끝이 아리다 갈라진다 조금씩 돌아온다 팔과 손가락의 감각이 분리된다 마침내 어떤 각도에서의 타건 점을 알게 되면서 손끝 손톱 라인이 대각선에서 직선으로 바뀌어 간다 안쪽에서 흰 새끼손가락으로 조금씩 퍼진다 손바닥이 더 많이 펼쳐진다 현의 진동이 줄 받침을 통해 공명판에 전달된다 덜컹거리지 않기 위해 현의 격렬한 풍랑을 위해 나는 변할 수 있다 변하고 있다 변하기 위하여 갇혀 있다

해설

상상의 자유, 생산의 시학

—박윤근 시집『그러나 너무 늦지 않게』읽기

오민석(문학평론가·단국대 교수)

1.

프랑스 초현실주의의 리더였던 앙드레 브르통(A. Breton)에게 아나톨 프랑스(A. France)와 같은 사실주의자는 비난과 손가락질의 대상이었다. 브르통은「초현실주의 선언」(1924)에서 사실주의를 "순순하고 단순한 보고 문체"의 문학이라 적시하고, "일체의 지성적, 정신적 비약에 자못 적대적인" "개떼의 삶"이라고 야유하였다. 초현실주의자들이 볼 때, 가장 한심한 예술은 현실의 외양을 있는 그대로 베끼는 '재현'의 예술이었다. 그들이 볼 때 예술은 (현실의) 복제가 아니라 새로운 세계의 창조 혹은 생산이어야 했다. 브르통이 볼 때 예술은

"정신의 가장 위대한 자유"를 실현하는 것이지 현실의 실증적 재현이나 메시지의 노예가 아니었다. 그는 "자유라는 낱말 하나가 아직도 나를 열광시키는 모든 것"이라 고백했으며, "오직 상상력만 있으면 나는 있을 수 있는 것이 무엇인지 알 수 있다"고 말하였다.

박윤근의 첫 시집 『그러나 너무 늦지 않게』는 이런 점에서 상상력의 천국이고 자유의 유토피아이다. 그에게 가장 중요한 것은 "순순하고 단순한" 현실의 재현을 거부하고, 현실을 전혀 다른 언어로 재가공하는 것이다. 그는 분방한 상상력으로 범용한 세계를 파괴하고 그 폐허 위에 상상력의 새로운 집을 짓는다. 사물의 실증적 재현에 익숙한 자들에게 그의 시는 잘 읽히지 않는다. 그의 시를 이해하려면 상상력의 물꼬를 자유롭게 열어놓아야 한다. 사랑하는 사람을 안고 고향 하늘을 훨훨 날아가는 샤갈(M. Chagall)의 그림을 실증적 시선으로 어떻게 이해할 것인가. 당나귀와 물고기가 하늘을 날거나 악기를 연주하는 풍경을 만드는 것도 상상력이고 그것을 이해하는 것도 상상력이다. 이 시집은 자유로운 연상으로 일상의 인과성을 파괴한다. 시인의 언어적 붓칠이 시작될 때, 낡은 관습의 세계가 무너진다. 그러나 상상력이 있다면 독자는 그 굉음 속에서 부활하는 새의 날갯소리를 들을 수 있을 것이다. 불에 타는 죽은 나무 위로 붉은 화염의 새가 날 듯, 박윤근의 언어는 낡은 재현의 죽음 위에서 날리는 꽃이다.

종이는 모두 둥근 각의 성채를 입고 있다
날카롭지만
달콤한 수액을 가진 파인애플처럼,

가령, 책상 위 저 종이를
가로와 세로 반 대각선으로 수만 번 곱접으면
붉게 물든 저녁노을이나 물방울을 볼 수 있다
동화를 들려주는 별들과
풀잎 끝 풍경을 모을 수도, 지을 수도 있다

하지만 접는 이의 의도에 따라
달리 접히거나 생략되는 순간
멍든 사과처럼 흠집이 생기거나 구겨진 채 버려진다

어둠 속, 긴 포물선을 그리며
지구를 스쳐 지나는 저 유성도
실은 우주의 뭇별들과 각을 이루기 위해
지상 끝 저 모서리로 내리는 것이다

저녁별이 가득 앉은 과수원,
또 펀펀하게 무슨 축제가 열리고 있는지

입 안 가득 침이 고인다
문장의 한쪽 각이 또 불안하다

막 계곡 틈 사이로
사과 한 알 떨어지는 참이다

—「각」 전문

시인은 (원할 때면) 아무 때나 평면을 구체(球體)로 만든다. "둥근 각"이라는 형용모순은 상상력의 왕자에게는 거짓이 아니다. 평면의 종이는 둥근 "파인애플"이 될 수도 있고, 잘 "곱접으면" "붉게 물든 저녁노을이나 물방울", 혹은 별을 바라보는 풀잎의 풍경이 될 수도 있다. 상상력의 궤도에 따라 종이는 "멍든 사과"를 만들기도 한다. 이렇게 종이를 자유자재로 가공하는 상상력이 한바탕 지나간 자리에 "과수원"이 생기고 거기에 "저녁별"이 내려앉는다. 시인의 공감각이 성급한 단맛을 느낄 때, "입 안 가득 침이 고인다". 이 시는 그의 상상력이 어떻게 세계를 재가공하는지, 그 독특한 과정을 잘 보여준다. 글이 써지고 문장이 이어지는 동안 시인은 메시지의 전달에 얽매이지 않고 자유로운 상상력에 자신을 온전히 맡긴다. 종이가 접히면서 주름을 만들듯이 문장들이 마주쳐 둥근 각을 이룬다. 모든 만남은 "각을 이루기 위해" 존재한다. 각과 각이 만나서 하나의 세계, 즉 "둥근 각"이 이루어진다. 각들의 만남은 각의 날카로움을 어르고 달랜다. 각이 둥글어지는 것은, 다른 각을 만날 때이다. "문장의 한쪽 각"이 "불안"할 때, 그 각은 다른 각이 필요하며, 다른 각을 만나 둥글어질 때 그 각의 불안은 사라진다. 그러므로 시 쓰기란 평면을 접어 구체를 만들듯, 불안한 상상의 각들을 만나게 해서 둥근 각을 만드는 것이다.

푸른 녹색의 체인에서 벗겨져 이탈한 시간도 작은 바퀴처럼 이슬처럼 둥글게 걸려 오는 게 시간이란다

둥글게 걸려 오는 게 시간이라뇨? 그럼 비가 그치면 우리는 아버지를 볼 수 있나요

애야, 햇볕은 혼자 오는 법이 없단다 둥근 시간에 감겨 오는 거지 그런 시간은 정교하게 깎인 시곗바늘에서 초침이 먼 지상의 소실점을 가리키며 원을 그리며 마치 이슬처럼 증발해 가는 게 순리란다 시간이 지날수록 빛을 잃은 돌의 원석처럼 투영됐던 기억들이 지상에서 무디어져 가는 거지 …(중략)…

그럼 시간은 어디에 있는 건가요

시간은 과수원과 과수원, 과수원 속 사과 사이 건물과 대지 구석구석에 묻혀 기호처럼 이슬처럼 빛나고 있단다 애야 아버지 모자도 한땐 이슬이셨단다 이젠 안방 한구석에 풀린 태엽처럼 접안돼 있지만 사막 검불처럼 바람에 쓸려 덩치 큰 우박처럼 우리에게 내릴 때도 있지 육지에서 바다를 바다에서 육지를 보는 것처럼 우박들은 이슬과 이슬로 나누며 무지개로 사라지거나 저 모자처럼 걸려 있기도 한단다

—「시간과 둥근 모자」 부분

앞의 시에서 "둥근 각"을 만났다면, 이 작품에선 "둥근 시간"을 만날 수 있다. 제목조차 초현실주의적 상상력을 불러일으키는 이 작품에서 우리는 다시 박윤근의 예술이 지향하는 바가 무엇인지를 목격한다. 자연을 그럴싸하게 모사(模寫)하는 것이 "불필요한 수고"이자 "주제넘은 오락"이며 진정한 예술의 역할이 아니라는 헤겔의 개념은 그대로 박윤근의 예술 아이디어이기도 하다. 시인이 볼 때, 오브제는 그 자체로는 중요하지 않다. 중요한 것은 그것을 상상력으로 뭉개고 깨뜨리고 난 후에 다시 빚어낸 것의 모습이다. 그러므로 그의 시는 재현이 아니라 생산을 향해 있다. 시간의 추상성에 "둥근"이라는 시각성을 결합해서 시인은 시간을 살아 움직이는 그림으로 만든다. 앞에서 '둥근 각'이 다른 각을 만나 날카로움을

상쇄한 각이라면, '둥근 시간'은 다른 시간을 만나 서사의 궤도 위에 오른 시간을 말한다. '둥근 시간'은 궤도에서 "이탈한 시간"을 다시 이어주고 연결한다. 나의 시간이 아버지의 시간, 어머니의 시간과 만날 때, 시간은 둥글어진다. 게다가 시간은 시간 아닌 것과 함께 온다. 시간은 "햇볕"과 함께 "원을 그리며 마치 이슬처럼 증발"해 간다. 시간이 시간 아닌 다른 것과 연결될 때, 시간은 무수한 주름을 가진 세계의 일부, 즉 '둥근 시간'이 된다. 이 작품에서 시간은 시간이 아닌 모든 것과 접속된다. 그것은 "과수원과 과수원, 과수원 속 사과 사이 건물과 대지 구석구석에 묻혀 기호처럼 이슬처럼 빛나고 있"다. 말하자면 시간은 모든 것과 연결되어 있으며, 언어체계 안에서 다른 모든 것처럼 "기호"의 형태로 존재한다. 그것이 기호이므로 그것은 무수한 기의를 가질 수 있다. "아버지 모자도 한땐 이슬"이었던 것처럼, 세계의 모든 기호는 이 세상의 모든 다른 것을 기의로 갖는다. 이런 전제가 '상상력의 자유'를 허락한다. 벨기에의 초현실주의 화가 르네 마그리트(R. Magritte)가 담뱃대를 그려놓고 "이것은 담뱃대가 아니다"라고 적은 것처럼, 시인에게 중요한 것은 리얼리티가 아니라 메타-리얼리티(meta-reality)의 생산성이다.

2.

우리가 초현실주의 화가들의 그림에서 목격하는 것은 현실이 아니라 현실 너머의 현실이다. 그들은 현실에 상상력의 폭탄을 퍼부어 현실을 너덜너덜하게 만든 후에 거기에 형형색색의 물감을 뿌린다. 그들의 그림은 원자재와 가공물이 복잡하게 뒤얽힌 덩어리이다. 그곳에서 현실과 초현실이 부딪히며 현실의 어떤 부분은 과장되고 어떤 부분은 희석되거나 사라진다. 예술은 이것들이 서로 부딪히며 터지는 불꽃에서 생긴다. 그것은 그 자체 현실에 대하여 말하면서 동시에 아무 말도 하지 않고, 의미이자 무의미이되, 거대한 아름다움을 창조한다.

칸나가 책상에 꽂혀 있네

칸나는 어릴 적 칸나, 비를 몰고 붉은 노란 색색 기억의 머리에 박힌 대로 오지 도시 사과탄처럼 붉은 네온사인 빛을 터트리며 가지 총총 유년의 개울을 지나 동색 샐비어와 함께 오지 지나는 바람과 그늘을 홍정하며 허기진 위장처럼 땡볕 개울을 건너 문 열린 곳간 허기진 발등을 향해 오지 이제 무너져 햇볕 들지 않는 집 기억의 한 축에 서서 오지 않는

나는 아직도 나는 고향 텃밭 칸나의 집에 세 들어 산다

네

—「칸나」 전문

이 작품은 오브제인 칸나에 유년의 기억을 마치 "사과탄"을 던지듯 마구 퍼붓는다. 그리하여 기억은 갑작스럽고 소란스러운 단말마처럼 오브제 위에서 폭발한다. 이 작품은 "칸나가 책상에 꽂혀 있네"라고 오브제를 제시한 후에, 압력을 참지 못한 폭탄이 갑자기 터지듯 단 한 문장 안에 오브제를 향한 상상력의 파편들을 날린다. 이것을 예술로 만드는 것은 물론 오브제에 더해진 메타-리얼리티이다. 그러나 메타-리얼리티는 오로지 오브제의 찬란한 죽음 위에서 빛난다. 리얼리티가 없이 메타-리얼리티도 없다. 시인은 오브제를 아름답게 살해하는 상상력의 고수이다. 중요한 것은 유년-기억의 콘텐츠가 아니라 오브제와 그 기억이 만나 터뜨리는 한판 대결이다. 그것은 오브제의 죽음 위에서 터지는 폭죽처럼 아름답다. 예술은 오브제의 시체를 끌고 메타-리얼리티로 간다.

폭풍은 어디로 가는 걸까

나는 지난여름 싱크대에 놓인 수저 안에서
빠져나가지 못하는 해수를
깨진 안경 사이로 바라다보고 있다

은빛 귓바퀴에 싸인 파도가
해안 쪽빛 모래시계 톱에 걸려 있다

…(중략)…

해안의 한쪽이 시계 방향으로 쏠려 든다
해수가 빠져나가며
울컥 싱크대 수도꼭지 물이 쏟아진다
식탁 안경알에 한 획 더 빗금이 진다

나는 지금도
떠난 파도를 기다리는 흠집 난 안경이다

—「흠집 난 안경」 부분

바다와 싱크대는 얼마나 먼가. 시인은 먼바다를 끌어와 "싱크대"의 "수저 안에" 놓는다. 그리고 질문을 던진다. "폭풍은 어디로 가는 걸까". 그는 수저 안에서 "해안 쪽빛 모래시계 톱"에 걸려 있는 파도 소리를 듣는다. 이 모든 장면을 보고 있는 것은 "깨진 안경"이다. 깨진 안경은 깨진 거울처럼 오브제를 있는 그대로 놔두지 않는다. 깨진 안경은 대상을 왜곡하고 뒤튼다. 평면거울이 재현의 언어라면 깨진 안경이나 거울은 생산의 언어이다. 먼바다 "해안의 한쪽"이 쏠려 해수가 빠져

나갈 때, "싱크대 수도꼭지 물이" 쏟아지는 것, 이 비(非)동시성의 동시성은 오로지 깨진 안경에 의해서만 실현된다. 그의 시들은 평면거울에서 깨진 거울 혹은 찌그러진 거울로, 재현에서 생산으로 가는 언어이다. "흠집 난" 눈만이 새로운 것을 본다.

3.

예술은 예기치 못한 것들로 클리셰를 대체한다. 진부한 오브제일수록 상상력의 적이 될 확률이 높다. 시인이 오브제에 관심이 없을 때, 시에는 메타-리얼리티만 남는다. 그러나 시인이 오브제에 관심이 많거나 그것에 많은 리비도를 투여할 때, 시인은 깨진 안경일지라도 바로 쓰고 찌그러진 거울의 초점을 맞추려 애쓴다. 그러할 때 리얼리티는 메타-리얼리티와 비교적 대등한 지위를 갖고 예술의 현장에 남는다. 그리하여 덜 파괴된 리얼리티가 메타-리얼리티와 공존할 때, 상상력의 강도는 떨어지지만 오브제는 덜 죽은 상태로 얼굴을 내민다. 박윤근이 상상력의 융단폭격을 할 때도 파괴의 강도를 낮추는 영역이 있다. 그것은 바로 '가난'이다. 시인은 가난과 가난한 삶과 가난한 공간에 대하여 어찌할 줄 모르는 연민과 통감의 소유자이다.

돌아오지 않을 거라 생각하지 않았다 온통 푸른 눈빛의 그가 사라진 뒤 한 움큼 빠진 밤의 자리에 잠시 불면의 밤이 생겼을 뿐

가난이 가난으로 가까워질 수 있는 건 더는 움막도 될 수 없는 빈방의 불 꺼진 구들 창을 열어보는 것 이야기를 들어보는 것

이탈했던 둥근 시간이 새 방에 들었다 차디찬 구들에 동그란 눈빛이 온기로 차오른다 또 뜨거워진 어둠이 어둠 속으로 사라진다

얼마나 다행인가 어둠으로 남는다는 것은 새 방을 얻은 연탄불이 따뜻한 이불 한 채 펴는 것은

—「어둠 한 채」 전문

여기에도 "이탈했던 둥근 시간"이 등장한다. 이탈했던 시간은 돌아와 다른 시간과 연계를 맺을 때 비로소 둥글어진다. "가난이 가난으로 가까워질 수 있는 건" 가난한 주체들이 가난에 대하여 서로의 "이야기를 들어보는 것"을 통해 가능해진다. 그러할 때, 가난의 각진 시간은 '둥근 시간'이 된다. "차디찬 구들"에 온기를 부여하는 것은 서로의 가난에 대한 응

시("눈빛")이다. 이 시는 가난의 공간("어둠 한 채")에서 가난한 주체들이 "따뜻한 이불 한 채 펴는" 유대와 연대의 '둥긂'에 대하여 노래하고 있다. 이렇게 오브제의 짐이 무거울 때 상상력은 스스로 강도를 낮춘다.

평생 제집 만들기에 골몰했던 김 씨
아직 알집 하나 마련 못했는지
술 취한 채 공원 가로등 불빛 아래
돌돌 신문지를 말아 뒤집어쓰고 잠든 채
산란을 꿈꾸고 있다

…(중략)…

곤충이 알을 낳는 것은 종족 보존을 위해서라는데
요람 속 식구들 뿔뿔이 흩어진 개발지여
철 지난 매미처럼 성장을 멈춘 어른벌레 한 마리
신문지 여백에 돌돌 말린 채
바스락거리며 말라가고 있다

알로 돌아가는 중이다

—「거위벌레」 부분

시인이 이렇게 상상력의 포화를 낮추고 주목하는 오브제는 이 시집에서 거의 가난밖에 없다. 그러므로 가난은 시인의 정동(affect)이 가장 진지해지는 지점이며 가장 깊이 궁구(窮究)하는 영역이기도 하다. 이 시에서도 평생 집 한 채 구하지 못하고 신문지를 뒤집어쓴 채 공원에서 잠들어 있는 "김 씨"는 카프카의 그레고르 잠자(『변신』)처럼 곤충이 되어 있다. 시인은 여전히 재기발랄한 은유를 사용하고 있지만 이런 정도의 상상력은 그의 다른 시들에 비하면 특별한 것이 없다. 이런 점에서 그가 모든 리얼리티를 메타-리얼리티의 희생물로 삼지는 않는다는 것을 알 수 있다. 그는 이런 의미에서 초현실주의자가 아니라 초현실적 상상력의 소유자이다. 그의 기발한 상상력이 그려내는 화려한 그림을 보려면, 독자들도 새와 별이 되어 대척적인 공간들을 마음대로 왕래할 수 있어야 한다.

시인동네 시인선 185

그러나 너무 늦지 않게

초판 1쇄 인쇄 2022년 10월 4일
초판 1쇄 발행 2022년 10월 11일
지은이 박윤근
펴낸이 김석봉
디자인 헤이존
펴낸곳 문학의전당
출판등록 제448-251002012000043호
주소 충북 단양군 적성면 도곡파랑로 178
전화 043-421-1977
전자우편 sbpoem@naver.com

ISBN 979-11-5896-561-7 03810

*이 시집은 2022년 전북문화관광재단 지역문화예술육성지원사업에 선정되어 보조금을 지원받아 제작되었습니다.